MES AMIS LES ANIMAUX DU ZOO

LES PANDAS

AMY CULLIFORD

Un livre de la collection
Les racines de Crabtree

CRABTREE
Publishing Company
www.crabtreebooks.com

Soutien de l'école à la maison pour les parents, les gardiens et les enseignants

Ce livre aide les enfants à se développer grâce à la pratique de la lecture. Voici quelques exemples de questions pour aider le lecteur ou la lectrice à développer ses capacités de compréhension. Les suggestions de réponses sont indiquées en rouge.

Avant la lecture

• De quoi ce livre parle-t-il?
  • *Je pense que ce livre parle des pandas.*
  • *Je pense que ce livre parle de ce que font les pandas.*

• Qu'est-ce que je veux apprendre sur ce sujet?
  • *Je veux savoir où vivent les pandas.*
  • *Je veux apprendre de quelles couleurs peuvent être les pandas.*

Pendant la lecture

• Je me demande pourquoi...
  • *Je me demande pourquoi les pandas sont noir et blanc.*
  • *Je me demande pourquoi les pandas mangent toute la journée.*

• Qu'est-ce que j'ai appris jusqu'à présent?
  • *J'ai appris que les pandas ont des griffes.*
  • *J'ai appris que les pandas aiment manger.*

Après la lecture

• Nomme quelques détails que tu as retenus.
  • *J'ai appris que les pandas aiment s'étendre.*
  • *J'ai appris que les pandas grimpent aux arbres.*

• Lis le livre à nouveau et cherche les mots de vocabulaire.
  • *Je vois le mot **arbre** à la page 4 et le mot **griffes** à la page 9. L'autre mot de vocabulaire se trouve à la page 14.*

Voici un **panda**.

Ce panda est
dans un **arbre**.

Les pandas sont
noir et blanc.

Les pandas ont des **griffes**.

Les pandas
aiment s'étendre.

Les pandas mangent
toute la journée.

Liste de mots

Mots courants

aiment	et	sont
blanc	les	tous
dans	noir	un
est	ont	voici

La boîte à mots

arbre

griffes

panda

32 mots

Voici un **panda**.

Ce panda est dans un **arbre**.

Tous les pandas sont noir et blanc.

Tous les pandas ont des **griffes**.

Les pandas aiment s'étendre.

Les pandas mangent toute la journée.

MES AMIS LES
ANIMAUX DU ZOO

LES PANDAS

Autrice : Amy Culliford

Conception : Rhea Wallace

Développement de la série :
James Earley

Correctrice : Janine Deschenes

Conseils pédagogiques :
Marie Lemke M.Ed.

Traduction : Annie Evearts

Coordinatrice à l'impression :
Katherine Berti

Références photographiques :
Shutterstock : Hungchung Chih :
couverture, p. 1; Galina Savina : p.
3, 14; Fernan Achilla : p. 5, 14; Jono
Photography : p. 7; clkraus : p. 8,
14; Wonderly Imaging : p. 11; San
Hoyano : p. 12-13

Crabtree Publishing Company

www.crabtreebooks.com   1-800-387-7650

Publié aux États-Unis
Crabtree Publishing
347 Fifth Avenue
Suite 1402-145
New York, NY, 10016

Publié au Canada
Crabtree Publishing
616 Welland Ave.
St. Catharines, Ontario
L2M 5V6

Imprimé au Canada/062021/CPC

**Catalogage avant publication de
Bibliothèque et Archives Canada**
Titre: Les pandas / Amy Culliford ; texte français
     d'Annie Evearts.
Autres titres: Pandas. Français.
Noms: Culliford, Amy, 1992- auteur.
Description: Mention de collection: Mes amis les animaux
     du zoo | Les racines de Crabtree | Traduction de :
     Pandas. | Comprend un index.
Identifiants: Canadiana (livre imprimé) 2021027252X |
     Canadiana (livre numérique) 20210272554 |
     ISBN 9781039607613 (couverture souple) |
     ISBN 9781039607675 (HTML) |
     ISBN 9781039607736 (EPUB) |
     ISBN 9781039607798 (livre numérique avec narration)
Vedettes-matière: RVM: Pandas—Ouvrages pour la
     jeunesse. | RVMGF: Documents pour la jeunesse.
Classification: LCC QL737.C27 C8514 2022 |
     CDD j599.789—dc23